著者 みずさわるる
監修 とがわ愛

転生してスリムになったのにまた太った私が

生まれて初めて努力して 10kg痩せるまで

転生してスリムになったのにまた太った私が生まれて初めて努力して10kg痩せるまで

プロローグ 頑張ったってどうせ無駄

Contents

プロローグ 頑張ったってどうせ無駄…003

第1話 キレイに歩いてボディメイク…015
サツキのColumn① 太りやすい歩き方・痩せやすい歩き方…026
サツキのColumn② 姿勢をキレイに保つコツ…028

第2話 スクワットで過去の自分にさようなら…029
サツキのColumn③ 初心者さんに！「やせ筋トレ」厳選3種…040
サツキのColumn④ スクワットが苦手な方へ…042

第3話 食べすぎてもチートスキルで万事解決…？…043
サツキのColumn⑤ 太りやすい食生活…064

第4話 ガチガチの背中も心もストレッチでほぐして…065
サツキのColumn⑥ モヤモヤするときのストレッチ…087
サツキのColumn⑦ 冷えとむくみについて…088

第5話 自分と向き合う！姿勢リセット…089
サツキのColumn⑧ オススメ「姿勢リセット」4種…109
サツキのColumn⑨ モチベアップのコツ…112

第6話 スリムな彼女の食生活…113
サツキのColumn⑩ 「デブ舌リセット」やってみよう！…132

アヤが見つけたダイエットハック…134

第7話 元の世界で嫌いな自分と再会したら…135

その後のダイエットルーティン…158

第1話 キレイに歩いてボディメイク

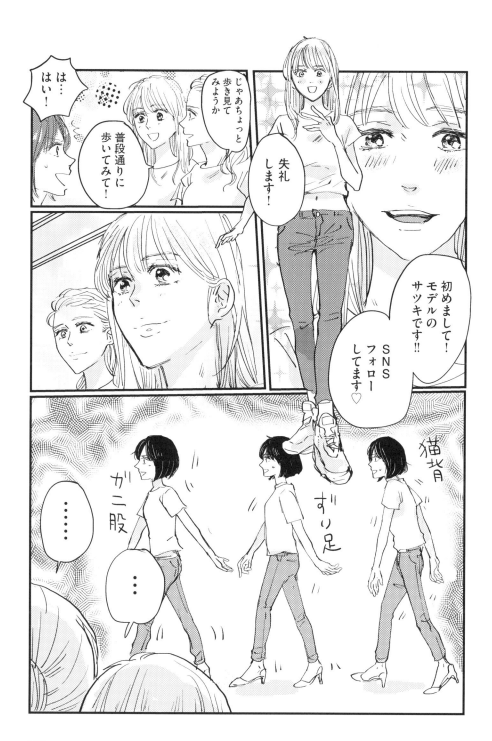

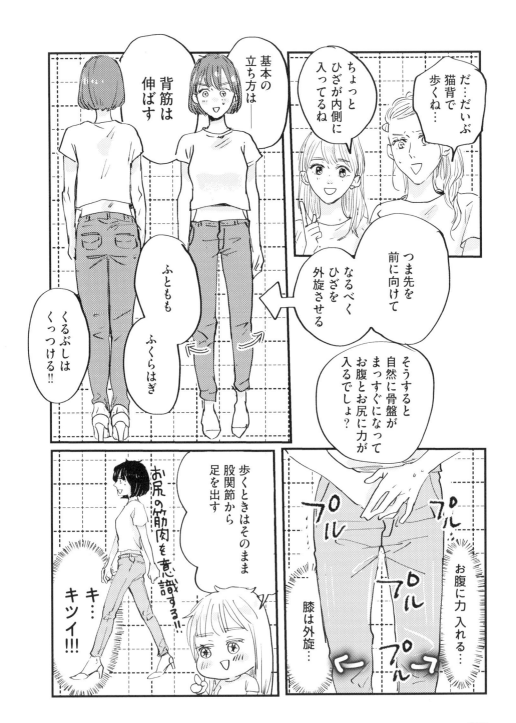

転生してスリムになったのにまた太った私が生まれて初めて努力して10kg痩せるまで

サツキのColumn①
太りやすい歩き方・痩せやすい歩き方

アヤちゃんは、あぐらや、いすに浅く座って背もたれによりかかる姿勢を続けていたので骨盤が後傾して猫背になっていました。
また、もも裏の筋力も弱っていたので後ろ足が使えず、ペタペタ歩きをしていました。
同じく長時間座りっぱなしで骨盤が前傾してしまう人も前のめりの歩き方になってしまいます。
正しい姿勢でかっこいい歩き方を目指そう！

ポイントを解説するよ♡

太りやすくなる歩き方

反り腰（骨盤前傾）

お尻が出っ張る

前のめりになり前ももの筋肉を無駄に使っている

猫背（骨盤後傾）

ペタペタ歩く

つま先側から着地して

後ろ足の筋肉が作用せず前ももに負担がかかり張る

猫背
巻き肩

お腹に力が入らずぽっこり

骨盤が前後に傾いていると体重が体幹にまっすぐのらず下っ腹がぽっこり出たり、お尻が出っ張ったり、前ももで体を支えてしまって太ももが張りやすくなるよ。

痩せやすくなる歩き方

正しい歩き方

① 頭の位置は高く
※ 背筋を伸ばしすぎて背中に力が入ると腰を痛めてしまうので注意

② みぞおちから出ている糸を上に引っ張られているイメージ

③ 下のニュートラルな立ち方で体幹がブレないように意識

④ お尻の筋肉を意識

⑤ お腹をへこませて自分が木の幹になったようなイメージ

⑥ かかとからなめらかに着地
※ ドンとつけるのはNG

⑦ 後ろ足でしっかり蹴るイメージ
※ お尻の筋肉が作用する

⑧ 腕をふる場合は肩甲骨を寄せるイメージ

◎ニュートラル OK!

あえてNG姿勢をとってみると感覚がつかみやすいよ！

立ち方チェック！

反り腰（骨盤前傾）
スカスカ
NG!

猫背（骨盤後傾）
指が入らない
NG!

頭と背中と踵を壁にくっつけたとき、腰と壁のすきまは手のひら一枚がほぼぴったり入るくらい。

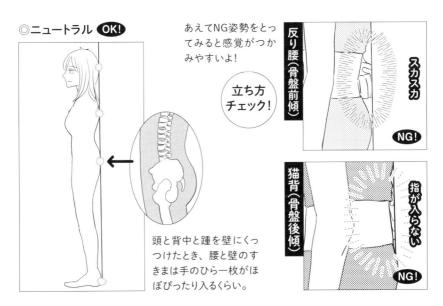

> サツキのColumn②

姿勢をキレイに保つコツ

　無理に姿勢をキレイに保とうとしてもすぐ元に戻ってしまうので、普段は「姿勢を正そう」という意識をガチガチに持たなくてもOKです。
　大切なのは土台作りのトレーニングなので、毎日筋トレをしていれば、キレイな姿勢を保つことは可能になります。
　ただ、仕事やデートなど、姿勢をよくしておきたいシーンはありますよね。そういうときはピンと背筋を伸ばすというより、頭の位置を高くする意識を持つようにしましょう。あごを引きながら黒目（目線）を上にすると自然と頭の位置が高くなります。黒目の位置が下がってしまう人は、舌の位置が下がっている可能性が高いです。舌を上あごにつけると、目線と頭の位置が上がり、重い頭を支えることで姿勢を安定させることができます。舌を上あごにくっつけると舌を支える筋肉のトレーニングにもなるので、二重あご引き締め効果が期待できますし、食いしばり予防の効果もありますよ。

　無理やり背筋を伸ばそうとすると反り腰になって腰が痛くなるので、意識するのは背筋よりも頭の位置を高く保つこと。その方が背中は疲れにくいです。キレイに見せるというより、いかに疲れないようにするかが大切だと思います。ちなみに私は、個人的には人が見ていないときは猫背でもいいと思います。それは、楽な状態で過ごす方が精神衛生的によくリラックスできるからです。犬や猫を観察していると、だらっと寝た後に起きて、体をニュートラルな状態に戻す伸びなどを行いますよね。人間も楽な姿勢を続けた後はストレッチ（P109のオールフォーストレッチがオススメ）をして、姿勢を正しい位置に戻す習慣をつければいいと思います。

第2話 スクワットで過去の自分にさようなら

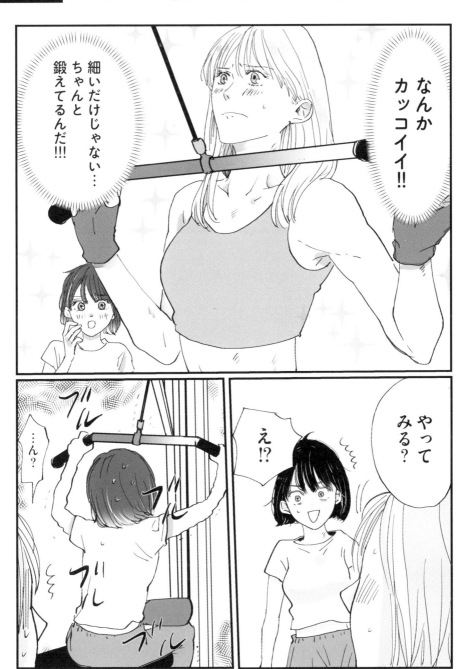

> サツキのColumn③

初心者さんに！「やせ筋トレ」厳選3種

① やっぱりスクワット！　目標：15回×3セット　2～3日おき

スクワットは「大殿筋（お尻）」と「内転筋（内もも）」を一緒に鍛えられるオトクな筋トレ。この2つは広い範囲の筋肉なので、鍛えると基礎代謝が上がりやすくなるよ。最初はたくさんできなくても大丈夫。1回だけでも作用するので、正しいフォームでじっくり効かせることが大事だよ。

正しいフォーム
（P31参照）

かかとに重心をかけ、ひざが内側に入らないように3秒かけて腰を落とす。お尻は突き出す。3秒かけて腰をあげる。このときひざを伸ばしきらないように。

NGフォーム

ひざが内側に入ると大腿四頭筋がムキムキになったり、ひざの痛みの原因に。つまさきに重心がかかるとふくらはぎに負荷がかかってしまいます。あえて一度NGフォームでやってみると分かりやすいよ。

内転筋が筋肉不足でうまく使えないと、外ももの筋肉ばかり使って太くたくましくなったり、骨盤を支える力が弱ってO脚やX脚の原因に！

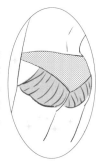

大殿筋が弱っているとお尻が垂れて残念なピーマン尻に…。腰痛の原因にもなり、体幹も弱ってしまいます。

> **注意！**

大腿四頭筋（前もも）を鍛えすぎるとパンパンに張り、太くたくましい脚に。スラッとした脚を目指すなら鍛えすぎに注意。

※ただし、大腿四頭筋は歩行や階段の昇り降りなど日常生活で必要な筋肉。正しい筋トレで鍛えるメリットはもちろんあります。

②クランチ

目標：15回×3セット 毎日OK

「腹直筋(お腹)上部」に効かせるためには上体を起こしきらず、背中を丸めるイメージで。タオルを敷くと腹直筋下部も鍛えられます。腹筋は回復が早いので毎日鍛えてOK！

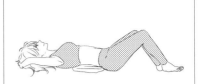

①たたんだタオルなどを腰の下に敷いてひざを立てる。

②お腹に力を入れながら背中を丸めて体を起こす

③お腹の力を抜かず、ゆっくりと元に戻る

③壁プッシュ

目標：10回×3セット 2〜3日おき

「上腕三頭筋(二の腕の裏側)」を鍛えて振袖部分を引き締め、「大胸筋(胸)」を鍛えてバストアップ。腕は目立つパーツなので、引き締まると痩せたイメージがつきやすいよ。

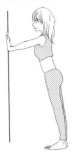

①壁から1歩離れて立ち、両手を肩幅の1.5倍くらいに広げて壁に手をつけて寄りかかる。

②上体をゆっくりと壁に近づける。お腹に力を入れ、なるべく胸を壁に近づける。ゆっくりと①に戻る。

サツキのColumn④

スクワットが苦手な方へ

アヤちゃんがスクワットをするのに苦労していたのは筋力不足と下半身（股関節、お尻、足首）が硬くなっていたのが原因です。そういう方はストレッチで柔軟性を高めることによって可動域が増え、クオリティの高いトレーニングが行えるようになります。そして、目標回数をこなせないからといって凹まないで。続けていけば絶対に目標に到達できる日が来るから！

② バウンドアングル（股関節）

目標：1分×1回　毎日OK

足の裏を合わせて座り、両手で足を押さえながら腰が丸まらないように上半身を前に倒す。ひざは床から浮いていてもOK。

① 4の字ストレッチ（股関節、お尻）

目標：30〜40秒×2〜3回　毎日OK

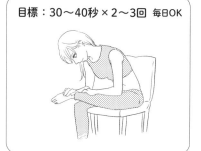

いすに座り、片方の足首をもう片方の足のひざにのせる。背筋を伸ばした状態で上半身を前に倒す。

どうしても苦しかったら…いすスクワット！

3秒ずつ　浅く腰掛け、立ち上がる

③ カーフランジ（P110）（足首、ふくらはぎ）

足首が硬いと、スクワットでかかとに重心をかけづらくなります。このストレッチはふくらはぎと足首の柔軟性を高めるので、ひざから下のラインがキレイになります。いっぱい歩いた日などのむくみ対策にもおすすめ！

※1日3食食べている状態を前提としています。低血糖(手足の震え、脱力感など)の症状が出た場合は無理せず何か食べるようにしてください。

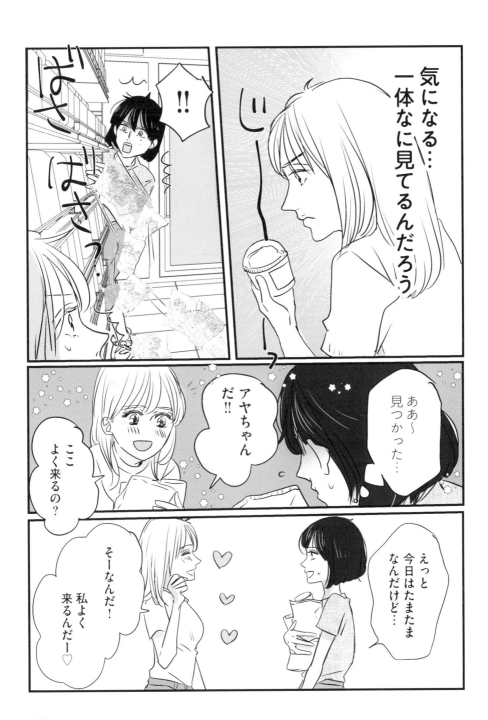

> サツキのColumn⑤

太りやすい食生活

　ふわふわドーナツ、クリーム系のパスタやから揚げ…おいしいですよね。でもこれらの食べ物の主な原料は脂質や糖質。たとえば外食でのカルボナーラの栄養素は、1皿751kcal、脂質36.8g、糖質73.3g。18〜29才・51kg（1日のカロリー2000kcalとして）の女性1食分の脂質量基準14.8〜22.2gに対してかなりオーバー。その割に、ビタミンや食物繊維はあまりとれません。さらに脂質や糖質のおいしさは幸せ物質を発生させ、中毒のような症状になってしまうので次の食事もこってりしたものや甘いものを欲してしまいます。この悪循環を止めたいと思ったら、そういうものを食べない日（味蕾の生まれ変わり期間）を10日間ほど設けてみてください。「デブ舌」がリセットされ、不思議とお菓子などに対する欲求が薄れてきます。こちらについてはP132〜でも説明します。

　またアヤちゃんのように、忙しいときは片手で作業をしながらもう片方の手でパンやお菓子などを食べながら食事を済ませる方も多いのではないでしょうか？　栄養も偏りますし、作業しながらの食事はだらだら食いにつながり、食べ終わるまでに小一時間くらいかかってしまいますよね。

　ダイエットをする上での食事は、できるだけまとまった時間にとるようにして、「食べない時間」を少しでも稼ぐのがオススメです。

　お菓子なども空腹時に食べるより、デザートとして食事と同じ時間に食べる方がいいです。これも、「食べない時間」を設けるためです。「食べない時間」は、血液中に無駄な脂肪や糖が少ない状態にあるため、優先的に、体に蓄積されている脂肪を燃焼させるチャンスとなるのです。

　実は眠っている間も「食べていない時間」になるので睡眠時間は脂肪を燃焼させるチャンスなのです！　ちなみに、お風呂に入らずソファなどで寝落ちしてしまうのもダイエットにはNG。睡眠が浅くなり食欲増進ホルモンが増えて、ドカ食いにつながってしまいます。

第4話 ガチガチの背中も心もストレッチでほぐして

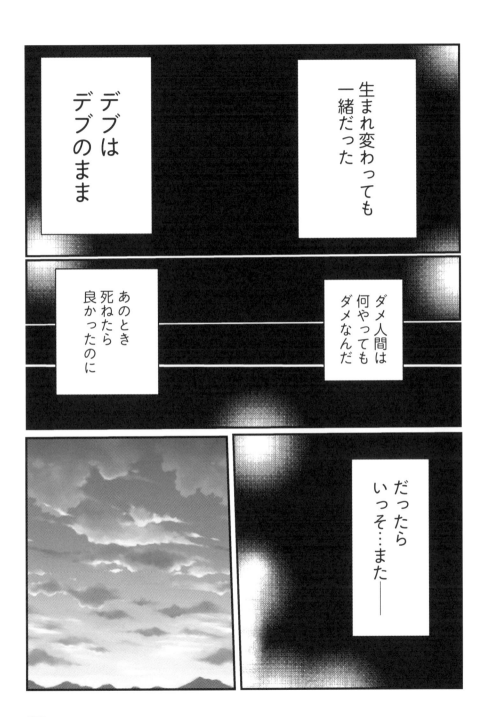

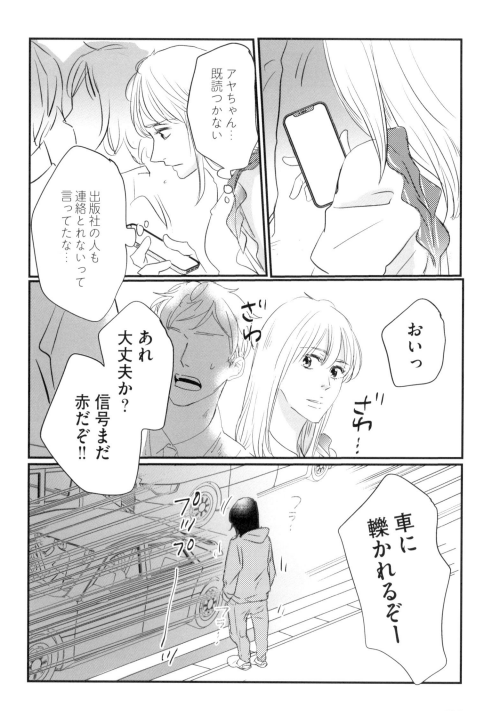

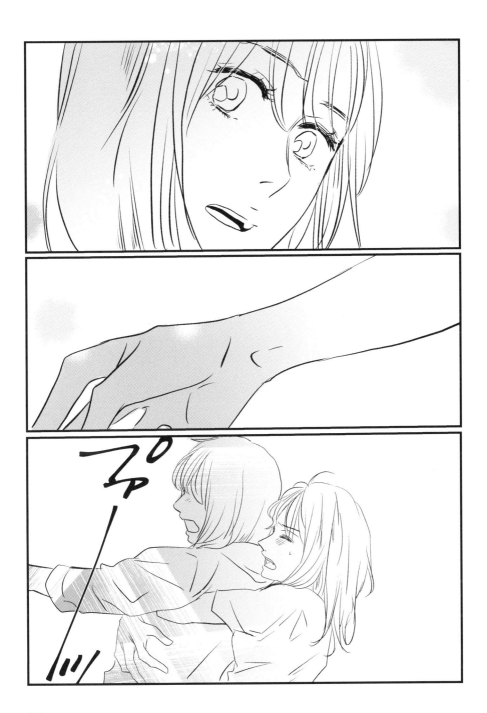

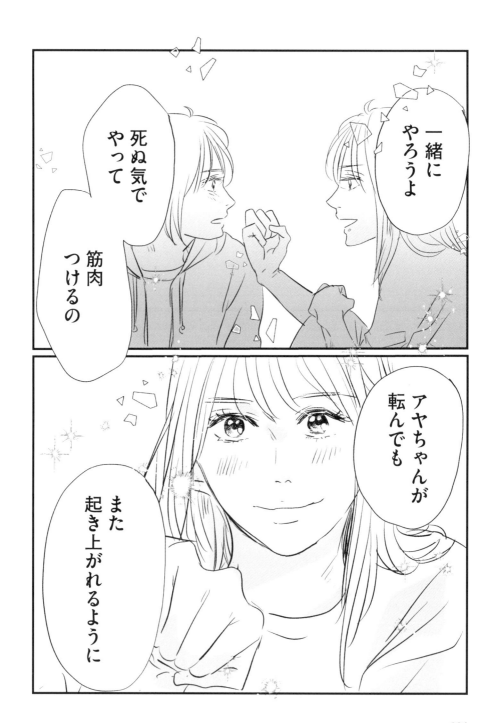

サツキのColumn⑥

モヤモヤするときのストレッチ

アヤちゃんの背中はカチカチに硬くなっていました。動画の編集で長時間同じ姿勢をとったり、忙しくて運動する時間がなかったり、アンチコメントにイライラして自律神経が乱れ、血行が悪くなってしまったからでしょう。ストレッチをして血行をよくすると自律神経が整い、深い呼吸ができることで気持ちも落ち着いてきます。背中の柔軟性が高まると腹筋がきちんと使えるようになるので、ぽっこりお腹の解消にもつながりますよ。

キャット&カウ（背中のストレッチ）　目標：5回×1セット　毎日OK

①よつんばいになって手は肩の真下、ひざは股関節の真下にくるようにする。

②口から息を吐きながらおへそを天井に突き上げるイメージで背中を丸める。このとき、背骨ひとつひとつをパキパキっとほぐすイメージを持つ。

③腹筋を感じながら息を止めて5秒キープ。

④鼻から息を吸い、背中を反らす。

※オールフォーストレッチ（→P109）もオススメ！

> サツキのColumn⑦

冷えとむくみについて

冷えについて

　もともと女性は男性に比べ熱を生産する筋肉量が少ないのと、月経で鉄分が不足しがちになるため冷えやすいです。なので、スクワットなどの筋トレをして筋肉量を増やすことが冷えにくい体作りにつながります。

　また、同じ姿勢を続けていると血流が悪くなって冷えやすくなるため、足元が冷える人にはカーフランジ（P110）やバウンドアングル（P42）など下半身のストレッチがオススメ。痩せるついでに冷え性も治ればいいな、くらいの気持ちで筋トレやストレッチをするのがいいと思います。

　痩せるために半身浴をしているという話をたまに聞きます。体が温かい方が何となく痩せそうな気はするものの、実はそれだけで代謝が上がるわけではありません。体を温めることでストレッチがしやすくなったり、安眠しやすくなるので間接的な効果は見込めますが、やはり毎日の筋トレで筋肉量を増やすことがダイエットにも冷え性にも一番有効なのかなと思います。

むくみについて

　むくみとは、体の組織と細胞の間の水分が増え、排出されず溜まってしまう状態のこと。ここでも運動不足や同じ姿勢を続けて血流が悪くなり、血液が滞ることが原因と言われています。なので筋トレやストレッチをしたり、湯船につかって体を温めたり、マッサージをすることが効果的です。また、ラーメンやスナック菓子、ジャンクフードなど塩分の多いものをとりすぎると塩分濃度のバランスを保つために多くの水分が体内に溜まってしまい、むくみを引き起こしてしまいます。利尿作用のあるカリウムを多く含むバナナやパプリカ、ゴーヤやきゅうり（夏野菜にはカリウムが多く含まれています）などを取り入れてバランスのよい食事を心がけましょう。

第5話 自分と向き合う！姿勢リセット

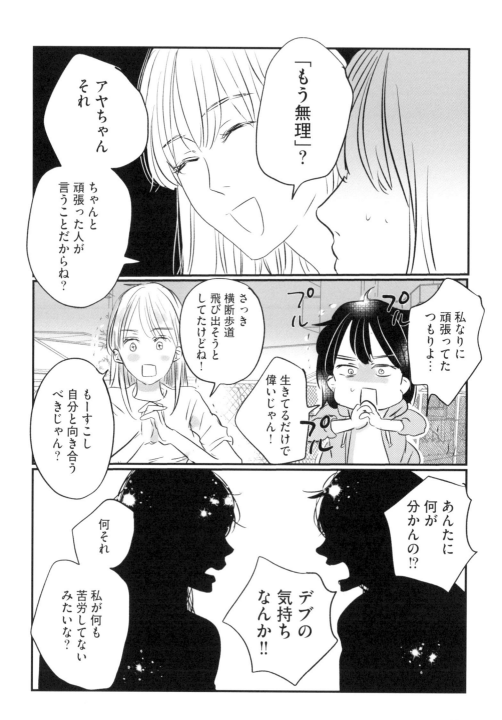

サツキのColumn⑧

オススメ「姿勢リセット」4種

寝転んでスマホを長時間見たり、座りっぱなしで作業したり…同じ姿勢を続けていると背骨が硬くなり、骨盤や肋骨がスムーズに動かなくなります。すると、ぽっこりお腹や猫背など、バランスの崩れたボディの原因に！　ここではそんな姿勢をリセットするストレッチと筋トレを組み合わせた「姿勢リセット」4種を紹介します。いろんな動きができるようになると身体機能も高まります。
…とはいえ皆さん忙しくて時間も限られていると思うので、できるものをチョイスしてくださいね。

①オールフォーストレッチ（背中、肋骨）

目標：左右各1回×1セット　毎日OK

凝り固まった体の側面をほぐすことができるストレッチです。オススメする理由はなんといっても難しくなくて気持ちがいいから！　可動域が広くなって代謝もよくなり、広がった肋骨が締まるのでくびれ作りにも役立ちます。
肩、腰などの疲労感が取れやすくなり、四十肩予防にもなりますよ。

②右手を左手の斜め上にずらし、お尻をおろしながら顔を伏せ、右半身が伸びていくのを感じながら息を口から長く吐き、鼻から吸う呼吸を10回繰り返す。逆側も行う。

①よつんばいになって手は肩の真下、ひざは股関節の真下にくるようにする。

②レッグツイスト（お腹）　目標：20回×3セット　毎日OK

腹筋まわりのインナーマッスル、筋肉を幅広く鍛えつつくびれを形成してくれます。
上半身を床にぴったりとくっつけて行うので姿勢を保持する力もつきます。

①仰向けになって足を90度に曲げ、手を天井に伸ばし、お腹に力を入れる。

②息を吐きながら4秒かけて両ひざを右へ倒す。両ひざは完全に床につけず、お腹でふんばれるところまで。息を吸いながら3秒かけて元に戻し、反対側も行う。

③カーフランジ（足首、ふくらはぎ）　目標：左右各30秒×3セット　毎日OK

P42で解説した通り、足首とふくらはぎの柔軟性が高まるとかかとに重心がかかりやすくなり、スクワットがスムーズにできるようになります。

①正座をし、片足を立て、ひざの上に手をおく。

②かかとが床から浮かないように体重をかけながらひざを倒し30秒キープする。

④リバースプランク（肩甲骨、二の腕）　目標：20秒×1セット　毎日OK

巻き肩が解消でき、上腕二頭筋の緊張がほぐれるトレーニング。二の腕がたぷたぷしているのに力こぶがある人は、腕を前側に曲げるしぐさが多く、腕を後ろに引く動きをしないため三頭筋（振袖部分）が緩みやすいです。このトレーニングをすると、力こぶの筋肉が前にでしゃばらないようバランスをとることができます。

②お尻を持ち上げ手でしっかりと床を押して胸を張る。ゆっくり息を吐きながら20秒キープする。

①両手を肩より後ろにつき、指はつま先と同じ方向に向ける。

NGフォーム

肩がすくんでいたり、お尻を落としてしまうと正しくお腹に力が入らないので注意！きつければまずは10秒からでもOK！

> サツキのColumn⑨

モチベアップのコツ

　アヤちゃんはダイエットアカウントを作っていましたが、私もモデルの仕事を始めたばかりのとき、SNSにその日の体重や食べたもの、行ったトレーニングなどを記録していました。そしてフォロワーさんとコミュニケーションをとることで、「自分には仲間がいる」と思えるようになり、モチベーションにつながりました。

　また、P32にもありますが、「こうなりたくない」と思う画像や過去の自分の姿を見るのも結構励みになります。個人的には「こうなりたい」より「こうなりたくない」の方がモチベアップにつながる気がします。ただ、それだと自分を傷つけてしまいそうと思う方は「偶然推しに会ったときに恥ずかしくない自分でいたい」という気持ちを常に持っておくのはいかがでしょうか。

　筋トレは始めた頃は辛いですが、2週間近く続けることができれば、筋肉痛の辛さはほとんど感じなくなります。そして3週間頑張れば、体は必ず変わります。自分を信じて、まずは3週間を目標に続けてみませんか？　辛いのは最初のうちだけです！

　そして回数はあくまでめやす。「この回数できないから自分はダメだ」とあきらめないで。1回でもいいからやってみて、回数を増やせそうなら増やす、増やせないなら増やさないという感じでOK。人間は、ある程度できるようになると高みを目指したくなる生き物なので、毎日続けるうちにきっと物足りなさが芽生えてきます。

　私が最初に筋トレの効果を実感したのは腕立て伏せ（プッシュアップ）です。始めた頃は10回×2セットが限界で、徐々に強度を増やしていったのですが、上半身の中でも目立つ「腕」がスッキリすると、全体的に痩せて見えるオトクなパーツだと気づきました。そうすると楽しくなってきて、他の部位も頑張ろうという気持ちになれました。

　だからきっとあなたも大丈夫。これまで色々なことを乗り越えてきたあなたなら、絶対に変わることができるはず。

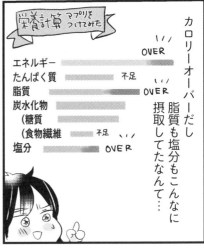

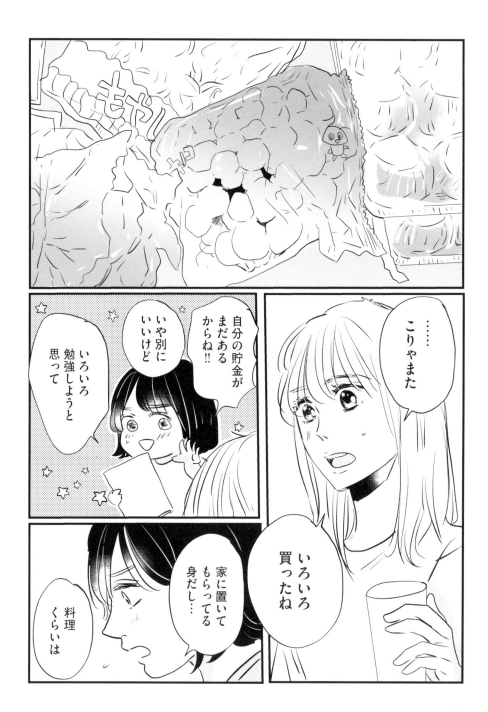

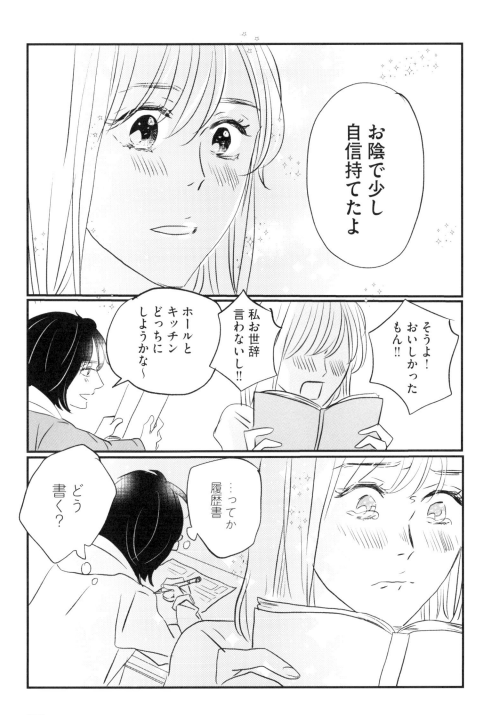

サツキのColumn⑩

「デブ舌リセット」やってみよう!

お菓子やジャンクフードなど、糖質や脂質量の多い食品はタバコや麻薬のように依存性の高い嗜好品のようなものですから、断ち切るには「摂取しない期間」をある程度設けることが必要です。食べない日(味蕾の生まれ変わり期間)を10日間ほど設けてみると、不思議とお菓子などに対する欲求が薄れてきます。まずは3日間くらいを目標に気軽に始めてみましょう。また、完全に断ち切るまでしなくても、頻度が減るだけでも大きな変化だと思いますよ。

デブ舌リセット中の食事例

朝 パンよりごはんかオートミールを

◎ごはん 100g(またはオートミール30g)
◎たんぱく質のおかずを何か一品
(納豆、焼き魚、ゆで卵、ツナ缶など)
◎野菜たっぷりみそ汁かフルーツ

もやしたっぷり味噌汁

ごはん100g ＋ 納豆etc

昼 賢く選べばコンビニはダイエットの味方

◎コンビニおにぎり
(マヨや揚げ物系は避けて)ひとつ
◎たんぱく質のメインおかずを何か一品(焼き鳥、レンチン焼き魚など)
◎たんぱく質のサブおかずを何か一品(カニカマバー、茶碗蒸しなど)
◎スープ or サラダ

夜 低脂質なたんぱく質をメインにして

◎ごはん 100g(お茶碗小盛)
◎低脂質・たんぱく質のおかずを何か二品(お刺身、焼き魚、納豆、冷ややっこ、ゆで卵など)
◎野菜たっぷりみそ汁
◎サラダ、温野菜など

※基礎代謝を下回ると体が飢餓状態になり筋肉量が減ってしまうので危険です。1日の総カロリーは1,200kcalを下回らないように注意しましょう。

10日間

お菓子・ジャンクフード・ラーメンなどは食べない!

足りないのでは…!? 泣

> 時間がなくても大丈夫

デブ舌リセットの味方おかず

レンチンで！1食分の野菜がとれるみそ汁

※出汁入りみその場合は
和風顆粒だしは不要！

- 炒め用ミックス野菜(カット)：120g
- 絹ごし豆腐：50g
- Ⓐ ┌ 水：180㎖
     └ 和風顆粒だし：小さじ1/2
- みそ：大さじ1

①豆腐は食べやすい大きさに切る。耐熱容器にミックス野菜、豆腐、Ⓐを入れてラップをして電子レンジ(600w)で3分加熱する。
②みそを溶き入れて再度ラップをして電子レンジ(600w)で1分加熱する。

高たんぱく・低脂質のメインおかず下味付け

- 鶏もも肉：1枚(250g)
- Ⓐ ┌ しょうゆ、酒：各大さじ1
     └ みりん、しょうが(すりおろし)：各小さじ1

①鶏肉は皮を剥いでひと口大に切る。保存袋に入れて、Ⓐを入れて揉み込む。平らに形をととのえ、空気を抜いて袋の口を閉じる。
◎冷蔵庫で保存する場合は2日間以内、冷凍庫の場合は2週間保存可能。
◎すぐに調理する場合は30分ほど冷蔵庫に入れる。
※冷凍した鶏肉は冷蔵庫で5〜6時間程度解凍する。

【野菜などを追加する場合】
お好みの野菜100g、きのこ50gは食べやすい大きさに切る。フライパンにサラダ油小さじ1を入れて中火で熱し、鶏肉(漬け汁は入れない)、野菜を炒める。
火が通ったら鶏肉を先に取り出して器に盛り、野菜にしょうゆ、酒、みりん各小さじ1、塩・こしょう各少々を加えて炒め合わせる。

筋トレしたくないときは
なりたくない姿を
思い浮かべながらやる。

筋トレとストレッチは
アニメとかアイドルの
ライブを見ながらやる。
筋トレは15分と決める！
長すぎても続かない。

ストレスが溜まったときは
激辛料理とか
超酸っぱいグミを食べる！
目の前の刺激に向き合うと
嫌な気持ちも遠くに行く気がする。
強炭酸飲料やノンアルコール
ビールもいいね！

アヤが見つけた ダイエットハック

朝食べると
おやつを食べなくても
満足感がある！
昼食と夕飯も
食べすぎないで済む。

スマホを見ながら食べない！
目の前の料理に集中して
心の声で食レポすると
意外と満足感出る…気がする。

おやつにゆで卵とか
ゆでブロッコリーとか
食べると意外と満足。
おやつって
甘いものじゃなくても
いいんだ…目から鱗。

生理中はチートデイと
割り切ってしまう。
好きなものを
好きなだけ食べて、
翌日からまた頑張る！

第7話 元の世界で嫌いな自分と再会したら

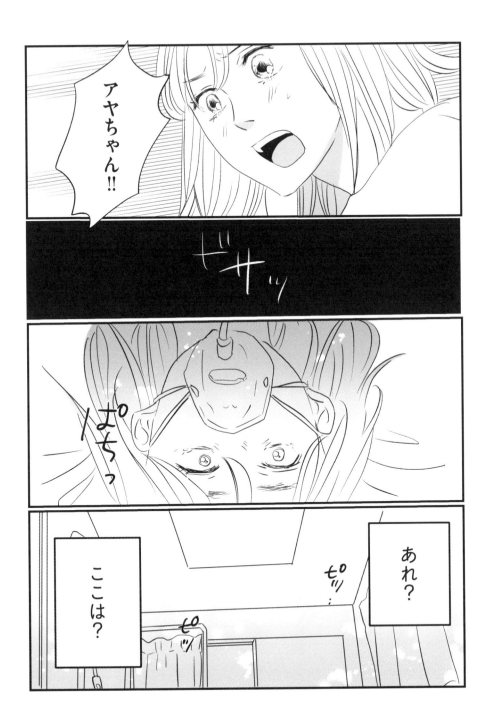

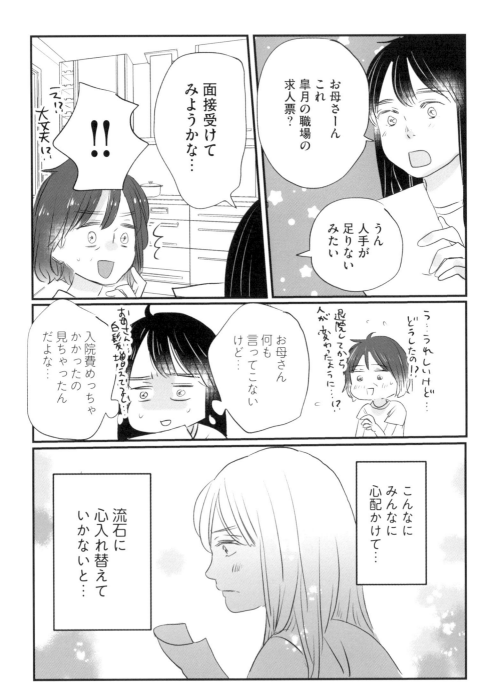

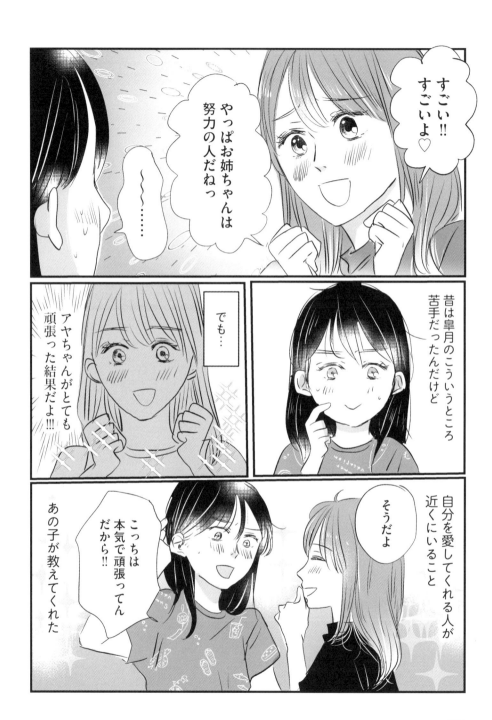

転生してスリムになったのにまた太った私が生まれて初めて努力して10kg痩せるまで

※忙しい時期や疲れている日は頑張らなくてOKだよ。余裕ができたらまた始めよう！

[著者]
みずさわるる

沖縄県在住、一児の母。かつては100kgを超えていたが男友達の協力により-35kg減のダイエットに成功。2019年にその体験談を綴った『料理人の男友達に痩せさせられた話する?』(講談社)を刊行。

X:@xxxmidorin

[監修]
とがわ愛

エクササイズライター・イラストレーター。著書『はじめての やせ筋トレ』『やせ筋トレ 姿勢リセット』『10日間マネするだけ! デブ舌リセットダイエット』(KADOKAWA)などが累計70万部超えの大ヒットに。

X:@ai_togawa　Instagram:@ai_togawa107

P49・64・118・132・133
[監修/レシピ制作]
中村りえ（管理栄養士・米粉料理家）

[参考文献]
矢島由佳・髙澤まき子
「食生活状況と味覚感度に関する研究」
『仙台白百合女子大学紀要』

栗原堅三「味覚のメカニズム」

日本人の食事摂取基準(2020年版)

STAFF

[装丁]
坂野弘美

[DTP]
小川卓也（木蔭屋）

[校正]
鷗来堂

[編集協力]
互 日向子
藪 優果

[編集長]
斎数 賢一郎

[編集担当]
佐藤杏子

転生してスリムになったのにまた太った私が生まれて初めて努力して10kg痩せるまで

2024年12月4日　初版発行

［著　者］
みずさわるる

［監　修］
とがわ愛

［発行者］
山下 直久

［発　行］
株式会社KADOKAWA
〒102-8177　東京都千代田区富士見2-13-3
電話 0570-002-301（ナビダイヤル）

［印刷所］
TOPPANクロレ株式会社

本書の無断複製（コピー、スキャン、デジタル化等）並びに無断複製物の譲渡及び配信は、著作権法上での例外を除き禁じられています。また、本書を代行業者などの第三者に依頼して複製する行為は、たとえ個人や家庭内での利用であっても一切認められておりません。

●お問い合わせ
https://www.kadokawa.co.jp/　「「お問い合わせ」へお進みください）
※内容によっては、お答えできない場合があります。
※サポートは日本国内のみとさせていただきます。
※Japanese text only

定価はカバーに表示してあります。

©Ruru Mizusawa/Ai Togawa 2024 Printed in Japan
ISBN 978-4-04-683170-5　C0095